Einsterns Schwester

3

Themenheft 1

Sprachgebrauch und Sprache untersuchen und reflektieren

Herausgegeben von
Roland Bauer, Jutta Maurach

Erarbeitet von
Annette Schumpp, Jutta Sorg

In Zusammenarbeit mit
der Redaktion Grundschule Deutsch 2–4

Cornelsen

Inhaltsverzeichnis

1 Nomen

2 Verben

3 Zeitformen der Verben

4 Adjektive

So kannst du mit den Heften arbeiten

Du machst alle
Seiten der Lernportion 1.

Zuerst im grünen Heft.

Dann im roten Heft.

Dann im gelben Heft.

Und dann im blauen Heft.

Danach machst du in
allen Heften die Lernportion 2.

Nun machst du in
allen Heften die Lernportion 3.

Genauso bearbeitest du
alle anderen Lernportionen.

In diesem Heft
kannst du den
Grundwortschatz
vertiefend üben.

Nomen für Menschen und Dinge ordnen

(1) Unterscheide die Nomen für Menschen und Dinge.
Notiere M (= Mensch) oder D (= Ding).

Bestimmte Artikel sind **der, die, das.**

D	das Buch		das Baby		die Taucherin
	die Sandburg		das Boot		die Frau
	der Strand		die Zeitung		der Vater
	die Decke		die Mutter		das Mädchen
	die Eisverkäuferin		die Sonnenbrille		

(2) Findet weitere Nomen für Menschen und Dinge zum Thema Ferien.

M		M		M	
D		D		D	

① Lies den Text.

Der Wald ist wie ein Haus

Auf dem Waldboden wachsen Moos und Flechten. Dort wohnen Maus, Hamster und Dachs.
Im Erdgeschoss wachsen Gras, Farn und Springkraut. Dort ist die Heimat von Hase, Igel und Schmetterling.
Bis ins Obergeschoss wachsen Eiche, Buche und Kiefer.
Dort wohnen Waldkauz, Buchfink und Kuckuck.

② Unterstreiche im Text aus ① alle Nomen für Tiere und Pflanzen in zwei verschiedenen Farben. Ordne sie in eine Tabelle ein.

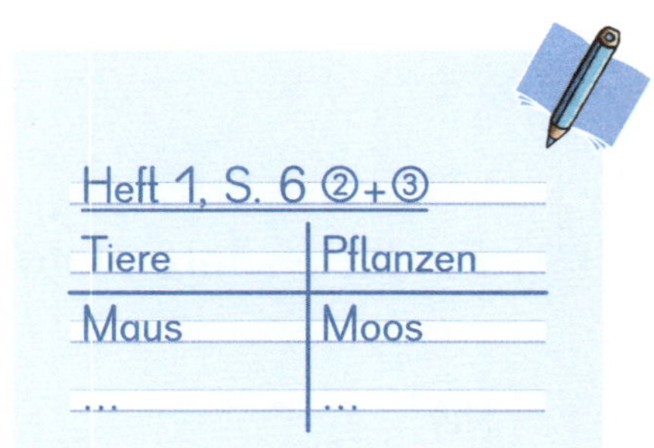

③ Suche weitere Tiere und Pflanzen des Waldes mit Hilfe einer Kindersuchmaschine. Ergänze die Tabelle aus ②.

Lernportion 1: Nomen

MK: weitere Tiere und Pflanzen des Waldes mit Hilfe einer Kindersuchmaschine im Internet finden und ergänzen

1 Nomen in Einzahl und Mehrzahl bilden

① Untersucht, wie die Mehrzahl von Nomen gebildet wird.

Mehrzahl von Nomen		
ein Schrank viele Schränke	ein Buch viele Bücher	eine Tafel viele Tafeln
eine Tür viele Türen	ein Besen viele Besen	ein Radiergummi viele Radiergummis

②

③ Sucht in eurem Klassenzimmer weitere Dinge und ergänzt die Tabelle aus ②.

Veränderungen in der Mehrzahl entdecken

1 Findet die Wortpaare aus Einzahl und Mehrzahl.
Besprecht die Veränderungen in der Mehrzahl.

der Ball	der Arzt	der Chor
der Grund	die Nuss	der Lohn
die Ärzte	die Nüsse	die Bälle
die Löhne	die Gründe	die Chöre

2 Schreibe die Wortpaare aus 1 auf. Unterstreiche die Veränderungen.

der Ball, die Bälle,

3 Entscheidet, ob ä, ö oder ü in die Mehrzahlformen passt.
Ergänzt die Wörter.

die Fl ü sse	die Bl ___ tter	die T ___ chter
die ___ pfel	die K ___ he	die G ___ tter
die F ___ chse	die M ___ tter	die V ___ ter

4 Schreibe die Nomen aus 3 in der Einzahl und in der Mehrzahl auf.
Unterstreiche die Veränderungen.

Heft 1, S. 8 ④
der Fluss – die Flüsse, …

① Zu einigen Nomen gibt es zwei mögliche Mehrzahlwörter.
Besprecht die Unterschiede.

ein Atlas viele Atlasse oder viele Atlanten	ein Luftballon viele Luftballons oder viele Luftballone	ein Globus viele Globen oder viele Globusse

ein Lexikon viele Lexika oder viele Lexiken	ein Monitor viele Monitore oder viele Monitoren

② Schreibe die Wörter aus ① in der Einzahl und in der von dir gewählten Mehrzahlform auf.

Heft 1, S. 9 ②
ein Atlas – viele ...

③ Lest die englischen Wörter in der Einzahl und in der Mehrzahl.
Besprecht, was euch bei den Endungen auffällt.

one desk
many desks

one book
many books

one pencil
many pencils

one tablet
many tablets

Lernportion 1: Nomen

Plenum: die Pluralbildung in anderen Sprachen besprechen und vergleichen

1 Nomen für Gefühle kennenlernen

Wörter für **Gefühle** sind auch **Nomen**.
Deshalb schreibe ich sie groß:
die Freude, der Schreck.

(1) Ordnet die Smileys den Gefühlen zu und verbindet passend.

Freude	Wut	Müdigkeit	Trauer	Angst	Liebe

(2)

MK-Tipp: Gefühle mit Mimik und Gestik darstellen; Fotos machen, ausdrucken und Wortkarten zuordnen

Pronomen (**Personalpronomen**) können Nomen ersetzen:
Lina hat Ferien. **Sie** besucht Opa.
Es gibt Pronomen in der Einzahl: **ich**, **du**, **er**, **sie**, **es**
und in der Mehrzahl: **wir**, **ihr**, **sie**.

(1) Lies den Text und unterstreiche die Pronomen.

Das ist Lina.
Sie hat die Ferien bei Opa Frank verbracht.
Er ist mit Lina in den Zoo gegangen. Sie haben die Tiere beobachtet.
Lina hat der Zoobesuch sehr gut gefallen.
„Das sollten wir öfter machen“, hat sie gesagt.
Auf dem Rückweg haben Opa und Lina noch ein Eis gegessen.
Es hat prima geschmeckt.

(2) Spielt das Pronomenspiel. Würfelt reihum. Klatscht schnell auf ein passendes Nomen.

① Lies die Sätze. Ergänze die Pronomen.

Die Elefantenkuh kümmert sich um ihr Baby. ______ gibt ihm zu trinken.

Das Junge ist noch sehr klein. ______ bleibt immer bei der Herde.

Der Elefant ist ein großes Tier. ______ wiegt fast sieben Tonnen.

Elefanten leben auch in Afrika. ______ wandern sehr weit.

Meine Freunde mögen Elefanten. ______ beobachten die Tiere oft im Zoo.

② Lies den Text einem Partnerkind vor.
Ersetze die Bilder im Text durch Pronomen.

Im Elefantengehege

Die Elefanten sind sehr unruhig. Gleich bekommen  Futter.

Der Tierpfleger bringt heute Äste, frisches Gras und Gemüse.

Schnell schließt  die Tür auf.

„Jetzt könnt  euer Futter holen!“, ruft .

Vor dem Gehege steht eine Besucherin mit ihrem Baby.

 schaut den Elefanten zu und strampelt.

Die Mutter beruhigt :

„Gleich bekommst  auch deinen Brei.“

Danach gehen  weiter.

(1) Lest abwechselnd die Sätze.
Setzt die passenden Pronomen ein.

Der Wettbewerb

Die Klasse plant ein Projekt zum Klimaschutz. ________ will an einem Wettbewerb teilnehmen. Lisa schlägt vor: „Als Erstes sammeln ________ Ideen." „Zuerst müssen ________ uns über den Klimawandel informieren. ________ bedroht unsere Erde", meint Tim. Herr Kuzu bespricht mit den Kindern die Aufgabe und fragt: „Kennt ________ euch schon mit Kindersuchmaschinen aus? Auf welchen Seiten wollt ________ Informationen suchen?" Dann gibt ________ den Gruppen die Tablets zum Recherchieren. ________ finden viele Ideen für ihr Projekt.

(2) Tauscht euch aus, was ihr oder eure Familie für den Klimaschutz tut.

Bei **zusammengesetzten Nomen** richtet sich der Artikel immer nach dem letzten Nomen:
die Kürbis**suppe** – der Kürbis, **die Suppe**.

① Schreibe die zusammengesetzten Nomen wie im Beispiel auf.
Unterstreiche den Artikel.

die Hand + der Schuh

der Sand + die Burg

der Fuß + der Ball

das Ohr + der Ring

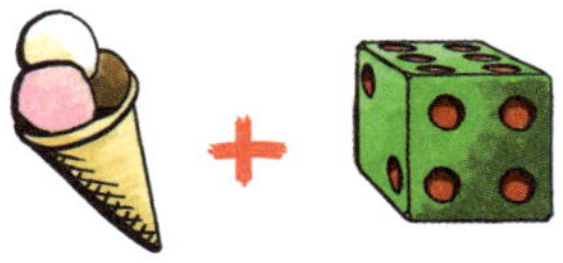

das Eis + der Würfel

der Regen + die Jacke

die Hand + der Schuh = <u>der</u> Handschuh

② Besprecht die Besonderheit dieser zusammengesetzten Nomen.

Glückskäfer | Verkehrszeichen | Sonntagsspaziergang | Lieblingsplatz

③ Bilde mit den Wortkärtchen zusammengesetzte Nomen. Die Bilder helfen dir. Unterstreiche den eingefügten Buchstaben.

Manchmal musst du den Fugenbuchstaben **s** oder **n** einfügen, zum Beispiel bei Arbeit<u>s</u>heft.

~~die Katze~~	der Frühling	die Zwiebel	~~das Futter~~
die Schnecke	die Tomate	das Haus	die Soße
das Glück	die Zitrone	die Limonade	der Käfer

das Katze<u>n</u>futter,

④ Bilde Sätze mit einigen der zusammengesetzten Nomen aus ③.

⑤ Findet weitere zusammengesetzte Nomen mit eingefügtem s oder n.

Bananen	Glücks	Klassen

Heft 1, S. 15 ⑤
Bananenkuchen, ...

Verben in der Grundform haben am Ende ein **en**.
In Sätzen stehen Verben in einer **Personalform**:
ich geh**e**, du geh**st**, er/sie/es geh**t**, wir geh**en**, ihr geh**t**, sie geh**en**.

(1) Unterstreiche die fünf Verben in den Sätzen.
Schreibe jeweils die Grundform auf.

Emilia geht in die Klasse 3b. gehen

Sie backt gern Pfannkuchen. ____________

Sie spielt Fußball. ____________

Sie sammelt Sticker. ____________

Sie liebt alle ihre Hobbys. ____________

(2) Trage die Verben kommen und hören in der Grundform und in allen Personalformen in eine Tabelle ein. Unterstreiche die Endungen.

er, sie, es hört | ihr kommt | ihr hört | ich höre | er, sie, es kommt | wir hören | du kommst | du hörst | sie kommen | ich komme | sie hören | wir kommen

Heft 1, S. 16 ②

kommen	hören
ich komme	ich höre
du kommst	du …
er, sie, es …	er, sie, es …
wir …	wir …
ihr …	ihr …
sie …	sie …

Lernportion 2: Verben

Plenum: die Bildung von Verbformen besprechen

1 Schreibe in Sätzen auf, was die Kinder tun.
Unterstreiche die Verben.

Heft 1, S. 17 ①
Malik klettert nach oben.
...

2

Verben haben einen **Wortstamm** und eine **Endung**.
Der Wortstamm bleibt meist gleich:
trinken – ich trinke, singen – du singst, rennen – er rennt.

1 Immer drei Verbformen gehören zusammen.
Schreibe sie auf.
Unterstreiche die Wortstämme.

~~malen~~	sie träumt	singen	spielen
ich gehe	sie singt	er baut	
ich träume	gehen	ich spiele	~~sie malt~~
~~ich male~~	er geht	bauen	
ich singe	ich baue	träumen	er spielt

malen – ich male – sie malt ✓

2 Personalformen finden

① Wählt ein Spiel aus. Setzt die Verben abwechselnd in den passenden Formen ein.

a) falten | bilden | zeigen | steigen | lösen | schaffen | probieren

Armsteigen

Jedes Kind ___ seine Hände und ___ mit seinen Armen einen Ring, der zu seinen Füßen ___. Alle Kinder ___ auf ein Zeichen durch ihren Armring, ohne dass sie die Hände ___. Wer das ___, ___ das Ganze rückwärts.

b) kreuzen | falten | drehen | schauen | zeigen | versuchen | bewegen | funktionieren | berühren

Der richtige Finger

Ein Kind ___ seine Arme und ___ seine Hände. Es ___ die Hände so nach oben, dass es auf seine Finger ___. Ein anderes Kind ___ abwechselnd auf einen Finger. Das erste Kind ___, diesen zu ___. Das Spiel ___ nicht, wenn jemand die Finger ___.

② Wähle ein Spiel aus ① aus.
Schreibe den Text vollständig ab.
Unterstreiche den Wortstamm der Verben.

Heft 1, S. 19 ②
...

Bei manchen Verben verändert sich der Wortstamm:
schlafen – er schläft, lesen – du liest.

① Schreibe nur die Verben auf, bei denen sich der Wortstamm verändert.

essen (durchgestrichen)	laufen	erschrecken	stehen	regnen	waschen
es regnet	sie wäscht	du läufst	sie erschrickt	er isst	du stehst

essen – ____________________

____

____

____

② Setze die richtigen Verbformen ein.

Die Klasse 3a macht (machen) einen Ausflug in die Bücherei.

Die Bibliothekarin ________ (warten) schon am Eingang.

Sie ________ (führen) die Kinder zu den Kinderbüchern.

Dort ________ (lesen) sie den Kindern aus einem Buch vor.

Dann ________ (suchen) alle ihr Lieblingsbuch.

Zum Abschluss ________ (erhalten) jedes Kind einen Büchereiausweis.

Bei zwei Verben ändert sich der Wortstamm.

Lernportion 2: Verben

Plenum: die Veränderung des Wortstamms bei der Bildung der Verbformen betrachten

2 Das Verb **sein** in seinen Formen kennenlernen

(1) Lies den Text und setze die richtigen Formen von sein ein.

Emil und Milan sind ______ beste Freunde. Manchmal haben sie auch Streit.

Dann sagt Milan: „Ich ______ nicht mehr dein Freund.“

Dann ______ Emil beleidigt und antwortet: „Du ______ gemein.“

Milans Mama beschwichtigt: „Hört auf zu streiten,

zusammen ______ ihr viel stärker.“

(2) Macht euch gegenseitig Komplimente.
Schreibt sie zuerst auf kleine Karten.

MK-Tipp: eine Komplimentekarte am Computer gestalten und ausdrucken

2 Das Verb **haben** in seinen Formen kennenlernen

Einzahl	**Mehrzahl**
ich habe	wir haben
du hast	ihr habt
er hat	sie haben
sie hat	
es hat	

① Lies den Text und setze die richtigen Formen von haben ein.

Bente und Rani spielen im Garten.

Sie bauen Sandburgen und ______________ viel Spaß.

Nach einer Weile sagt Bente: „Ich ______________ Hunger.“

„______________ du Lust auf ein Eis?“, fragt Rani.

„Wir ______________ welches im Eisfach.“

Bente ______________ große Lust auf Eis und fragt: „______________ ihr auch Schokoeis?“ „Ja, das ist mein Lieblingseis!“, ruft Rani.

„Cool“, freut sich Bente, „da ______________ wir etwas gemeinsam.“

②

Vorsilben wie **ab**, **auf**, **aus**, **be**, **ein**, **ver**, **vor** kann ich vor Verben stellen. Vorsilben verändern die Bedeutung von Verben: auffahren, abfahren.

1. Bilde zusammengesetzte Verben mit fahren. Unterstreiche die Vorsilben.

auf	vor	ab	be	hin	weiter	weg

auffahren,

2. Schreibe auf, was Malik tut. Unterstreiche wie im Beispiel.

Heft 1, S. 23 ②
A: abschreiben –
Malik schreibt eine Geschichte ab.
B: ...

A eine Geschichte

auf / ab — schreiben

B ein Gedicht

vor / aus — tragen

C einen Ball

auf / weiter — geben

D Wasser

ein / aus — gießen

2 Verben nach Wortfeldern ordnen

① Unterstreiche die Verben der Wortfelder essen und sagen mit zwei verschiedenen Farben.

② Markiere nur die Wörter, die zum Wortfeld gehen gehören.

schlendern | laufen | schwimmen

humpeln | bummeln | schlafen | wandern

spazieren | lesen | rennen | streiten | schleichen

kriechen | trödeln | turnen | flitzen

③

2 Verben und Nomen zusammensetzen

Aus Verben und Nomen
entstehen **zusammengesetzte Nomen**.
Dabei verändern sich die Verben:
lesen + das Buch = das Lesebuch.

(1) Lies den Text. Unterstreiche alle sieben zusammengesetzten Nomen aus Verb und Nomen.

Im Zoo

Die Klasse 3a war gestern im Zoo.
Lisa und Tim fanden die Schleichkatze toll.
Die Wanderratte und das Stinktier wollte
die ganze Klasse anschauen.
Der Brüllaffe und der Springbock waren
schon im Außengehege. Rani konnte
die Klapperschlange und die kleine
Springmaus ganz genau beobachten.

(2) Bildet zusammengesetzte Nomen.
Schreibt sie mit Artikel auf.

Heft 1, S. 25 ②+③
schauen + das Bild = das Schaubild, ...

schauen | turnen | rollen

fahren | wühlen | hüpfen | schreiben

(3) Bildet weitere zusammengesetzte Nomen wie in (2).

Die Zeitformen der Verben zeigen, wann etwas geschieht.
- in der **Gegenwart** (= heute): Rani **spielt** Klavier.
- in der **Vergangenheit** (= früher): Malik **spielte** Geige.

(1) Ergänze die Sätze mit den Verben in der Vergangenheit.

suchten | nutzten | schickten | hörten

- Heute hören die meisten Menschen Musik über das Internet.

  Früher ____________ viele Menschen Musik auf Schallplatten.

- Heute nutzen viele Menschen das Auto.

  Früher ____________ die Menschen Kutsche und Pferd.

- Heute schicken viele Menschen Nachrichten als E-Mail.

  Früher ____________ die meisten Menschen Nachrichten als Brief.

- Heute suchen die Menschen Informationen meist im Internet.

  Früher ____________ die Menschen Informationen meist im Lexikon.

(2) Schreibe Sätze wie in (1), wie es früher war und heute ist.
Du kannst dir auch selbst etwas ausdenken.

Heft 1, S. 26 (2)
Früher ...
Heute ...

Bei manchen Verben verändert sich in der Vergangenheit der Wortstamm: wir **seh**en – wir **sah**en.
Diese Verben werden **unregelmäßige Verben** genannt.

③ Immer drei Verbformen gehören zusammen.
Trage sie in die Tabelle ein.

~~schreien~~ | rufen | sehen | sprechen | kommen | helfen | gießen | essen

ihr kommt | du siehst | es hilft | er spricht | ~~ich schreie~~ | wir rufen | sie isst | sie gießen

ihr kamt | er sprach | sie gossen | sie aß | es half | wir riefen | ich schrie | du sahst

Grundform	Gegenwart	Vergangenheit
schreien ✓	ich schreie ✓	

Die Verben **haben** und **sein** haben besondere Vergangenheitsformen.

haben	
Einzahl	**Mehrzahl**
ich hatte	wir hatten
du hattest	ihr hattet
er hatte	sie hatten
sie hatte	
es hatte	

sein	
Einzahl	**Mehrzahl**
ich war	wir waren
du warst	ihr wart
er war	sie waren
sie war	
es war	

1. Schreibe mindestens acht weitere Vergangenheitsformen mit einem passenden Pronomen auf. Ergänze die Grundform.

~~wusste~~ | stand | bekam | wart | saß | glaubte | hattest | sagte | trank | kratzte | fragtest | las | fuhrt | halfen | ließ | blieb | ging | lag | aßen

er wusste – wissen,

1 Setze die Verben in der Vergangenheitsform ein.

halfen | deckten | arbeiteten | zogen | mussten

transportierte | schlugen | ~~gab~~

Damals und heute auf der Baustelle

Früher gab es für die Arbeit kaum Maschinen. Die Menschen ______ zusammen. Beim Hausbau ______ sie alle anpacken. Die ganze Familie und auch die Nachbarn ______ mit. Es gab noch keinen Kran, der die Materialien ______. Die Zimmerleute ______ die Balken von Hand auf das Dach. Dann ______ sie Holznägel ein. Das ganze Dach ______ sie mit Schieferplatten ein.

2 Schreibe die Verben aus 1 in der Vergangenheit und in der Gegenwart auf.

es gab – es gibt,

① Lies den Text und setze die Verben in der Vergangenheit ein.

Schule früher

Früher trugen (tragen) die Jungen kurze Hosen.

Das ______ (sein) nicht nur im Sommer so. Im Winter ______ (ziehen) sie dazu dicke Strümpfe an und ______ (machen) sich auf den Weg in die Schule. Die Mädchen ______ (gehen) mit Kleidern in die Schule.

Oft ______ (binden) sie noch eine Schürze darüber.

In der Schule ______ (sitzen) Mädchen und Jungen oft getrennt.

Die Kinder ______ (schreiben) auf Schiefertafeln.

② Schreibe über deinen letzten Kindergeburtstag.
Die Kärtchen und Bilder können dir helfen.
Denke an die Vergangenheitsform der Verben.

Heft 1, S. 30 ②
Wir aßen Kuchen. …

tanzen	spielen	singen	essen	trinken	…

Lernportion 3: Zeitformen der Verben

MK-Tipp: mit Hilfe einer Kindersuchmaschine im Internet zum Thema „Schule früher“ recherchieren; ein Plakat dazu gestalten

① Beschreibt die Tiere mit passenden Adjektiven.

grau	leicht	gestreift
bunt	klug	
scheu	kräftig	schnell

② Erfinde zwei Tierrätsel. Beschreibe jedes Tier mit zwei Adjektiven. Das Rätsel ist schwerer, wenn du als Erstes ein Adjektiv wählst, das auf mehrere Tiere zutrifft, z. B. grau.

Hai: Das Tier ist grau.
Es ist sehr scheu.

③ Lass ein anderes Kind deine Rätsel aus ② lösen.

4 Gegensatzpaare finden

(1) Sieh dir Cans und Pauls Hosen an.
Kennzeichne die Adjektive passend mit C oder P.

P	bunt	sauber	
	lang	einfarbig	
	schmutzig	kurz	
	weit	hell	
	dunkel	eng	

(2) Verbinde die Gegensatzpaare aus (1).

(3) Ergänze das Gegenteil.

kalt | schmutzig | hart | schwer | langsam

Was **leicht** ist, ist nicht ______.

Was **weich** ist, ist nicht ______.

Was **warm** ist, ist nicht ______.

Was **schnell** ist, ist nicht ______.

Was **sauber** ist, ist nicht ______.

① Findet passende Adjektive zu den Nomen.
Ihr könnt die Adjektive mehrfach verwenden.
Beobachtet, wie sich die Adjektive verändern.

ein Fußball | ein Fahrrad | ein Buch

eine Mandarine | eine Zeitung | ein Brot

ein Rock | ein Geschenk | ein Wecker | ein Schuh

rund | stabil | witzig | toll | grün

frisch | süß | groß | laut | interessant

② Schreibe die Nomen aus ① zusammen mit einem passenden Adjektiv auf.
Unterstreiche die Veränderungen am Adjektiv.

Heft 1, S. 33 ②
ein runder Fußball, ein …

③ Schreibe zum Bild Sätze mit passenden Adjektiven.

Heft 1, S. 33 ③
Im Bild sehe ich schwarze Vögel. …

schwarz | breit | gelb | rot | klein

groß | braun | blau | weiß | bunt

Aus Nomen kann ich **Adjektive** bilden. Dazu füge ich die Wortbausteine **ig** oder **lich** an den Wortstamm an:
der Mut – mut**ig**, der Friede – fried**lich**.
Manchmal ändert sich dann der Vokal im Wortstamm:
der Tag – t**ä**g**lich**, die Natur – nat**ü**r**lich**.

Bei zwei Adjektiven ändert sich der Wortstamm.

(1) Bildet aus den Nomen passende Adjektive mit ig und lich. Ordnet die Adjektive passend ein.

~~das Glück~~	der Mut	der Schatten	der Witz
der Wind	die Jugend	der Durst	der Tag
der Friede	der Schreck	die Sonne	der Schmutz
die Gefahr	der Freund	der Sommer	die Ruhe

Adjektive mit ig: ______________________

____

____

Adjektive mit lich: glücklich, ______________________

____

____

(2) Unterstreiche die beiden Adjektive in (1), bei denen sich der Wortstamm geändert hat.

① Bildet aus den Nomen Adjektive
mit der Endung ig oder lich.
Ergänzt sie in der passenden Form.

Es ist sommerlich.
der Sommer

Emil steht vor dem Baum und ist sehr ____________.
der Hunger

Die ____________ Kirschen lachen ihn an.
der Saft

Emil ist ____________ und klettert bis nach oben.
der Sport

Er isst sich an den Kirschen satt und ist ____________.
das Glück

Doch da hört er ein Knacken und wird ____________.
die Angst

Wird es jetzt ____________? Er ist ganz
die Gefahr

____________ und schaut nach unten.
die Vorsicht

Was ist das? Seine Freundin Lea ist ____________ und klettert
die Neugier

zu ihm hoch. Emil freut sich ____________. Sie sitzen ____________
der Riese — das Gemüt

zusammen bis zum Sonnenuntergang auf dem Baum.

② Suche dir fünf Adjektive aus und markiere sie.
Schreibe damit eine kurze Geschichte.
Du kannst auch eigene Adjektive verwenden.

Heft 1, S. 35 ②
...

schwierig	sonnig	nützlich	flüssig	sandig	glücklich	ängstlich
richtig	traurig	fettig	freundlich	bissig	schmutzig	empfindlich

Mit Adjektiven kann ich Menschen, Tiere, Pflanzen oder Dinge **vergleichen**. Adjektive haben eine **Grundstufe** und zwei **Vergleichsstufen**. Manchmal verändert sich der Wortstamm.

Koki ist **groß**.	(Grundstufe)
Rani ist **größer als** Koki.	(1. Vergleichsstufe)
Lea ist **am größten**.	(2. Vergleichsstufe)

1) Betrachte die Siegertreppchen und schreibe auf, was die Kinder über sich sagen.

a)

Malik: Ich bin

b)

① Ergänzt die fehlenden Formen der Adjektive.

Grundstufe	1. Vergleichsstufe	2. Vergleichsstufe
dick		
		am größten
klug		
fröhlich		
	hungriger	
alt		
hoch		
		am wichtigsten

② Schreibe Vergleichssätze mit dem Adjektiv gut und seinen Vergleichsstufen besser, am besten.

Heft 1, S. 37 ②
Lisa ist gut im Weitsprung.
Bente ist besser …

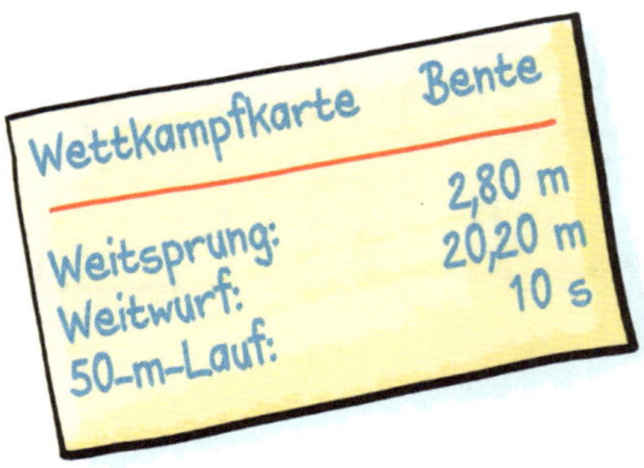

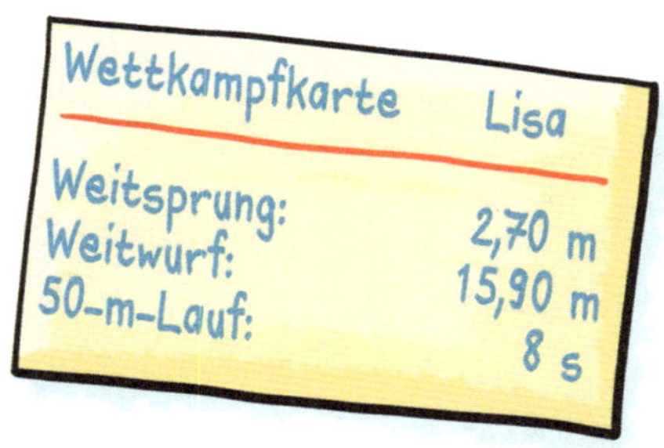

Lernportion 4: Adjektive

MK-Tipp: mit Hilfe einer Kindersuchmaschine im Internet Rekorde im Weitsprung und Hochsprung recherchieren; Vergleiche schreiben

4 Vergleichsstufen von Adjektiven verwenden

① Untersucht, wann man mit als und wann man mit wie vergleicht.

Wer ist wer?

Jana ist größer als Kai.

Mika ist so groß wie Jana.

Laya ist noch größer als Mika.

Kamil ist am größten.

② Schreibe Vergleichssätze.
Unterstreiche wie im Beispiel.

Heft 1, S. 38 ②
Der Turm ist höher als ...

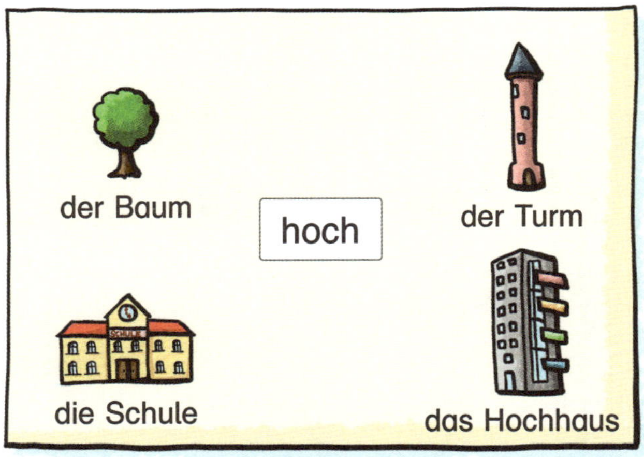

③ Setzt die Namen passend in die Sätze ein. Findet alle Möglichkeiten.

▢ hat mehr Buchstaben als ▢.

▢ hat so viele Buchstaben wie ▢.

▢ hat am meisten Buchstaben.

④ Schreibe Sätze wie in ③ mit Namen von Kindern aus deiner Klasse.

Heft 1, S. 38 ④
...

Zusammengesetzte Adjektive schreibt man immer klein: **kugelrund**.

① Bildet zusammengesetzte Adjektive aus Nomen und Adjektiv. Erklärt ihre Bedeutung.

 rund  hart  grün

 leicht 

süß  weiß

kugelrund,

② Finde Gegensatzpaare und male sie in der gleichen Farbe aus.
Schreibe die Wortpaare dann in dein Heft.

Heft 1, S. 39 ②
staubtrocken – regennass
...

staubtrocken	federleicht		
stockdunkel	todkrank	nagelneu	schneeweiß
steinhart	bleischwer	butterweich	steinalt
taghell	regennass	kerngesund	rabenschwarz

③ Bilde Adjektive aus Verb und Adjektiv.

~~tropfen~~ schreiben pflegen blitzen kuscheln

faul leicht ~~nass~~ weich sauber

tropfnass,

4 Zusammengesetzte Wörter erkennen

(1) Trage die zusammengesetzten Nomen in eine Tabelle ein und trenne sie.

Buntspecht | Wildschwein | Spitzmaus | Blaumeise | Graureiher | Braunbär | Grünspecht | Rothirsch

Heft 1, S. 40 (1)

zusammengesetztes Nomen	Adjektiv + Nomen
Buntspecht	bunt + Specht
...	...

(2) Lies den Text.
Unterstreiche die zusammengesetzten Nomen blau und die zusammengesetzten Adjektive grün.

Die Sage von der Burg Reußenstein

Der baumlange Riese Heim wollte eine Burg bauen. Da rief er mit ohrenbetäubender Stimme ins Tal: „Wer von euch Menschenzwergen will mir helfen, eine Burg zu bauen?“ Es erschienen zahlreiche Handwerker und nahmen die vielfältige Arbeit freudig auf, denn der steinreiche Riese versprach reichlichen Lohn.
Bald stand auf dem Felsgestein eine riesengroße Burg. Nur am winzig kleinen Klappfenster im haushohen Aussichtsturm fehlte noch ein Nagel. Der Riese versprach demjenigen, der den Nagel einschlüge, besonders reichen Lohn. Alles staunte, als ein todesmutiger Bursche es wagte, den Eisennagel einzuschlagen. Der großzügige Riese beschenkte den jungen Burschen reichlich.

überliefert

Nach einem **Aussagesatz** steht ein **Punkt**:
Der Ball rollt auf die Straße.
Nach einer **Aufforderung** oder einem **Ausruf** steht ein **Ausrufezeichen**:
Beeilt euch!

1 Lies einem Partnerkind den Text langsam vor.
Setze nach jedem Aussagesatz einen Punkt.

IN DER NACHT HAT ES GESCHNEIT DIE KINDER FREUEN
SICH EINIGE FAHREN MIT IHREN SCHLITTEN TIM IST GERADE
HINGEFALLEN ZUM GLÜCK IST NICHTS PASSIERT

2 Ordne jedem Kind den passenden Ausrufesatz zu.

Fahr nicht so schnell!	Wir sind schneller!	Juhu, das macht Spaß!

Tim:

5 Fragesätze erkennen und bilden

Am Ende einer **Frage** steht ein **Fragezeichen**: Wie alt bist du?

(1) Male die Sprechblasen mit Fragesätzen aus. Setze Fragezeichen am Satzende. Ergänze die Punkte am Satzende in den übrigen Sprechblasen.

(2) Lest die Fragen und ergänzt das Fragewort. Ordnet jedem Fragesatz den passenden Antwortsatz zu.

Wer | Wo | Was | Warum | Wie | Wohin

___ kommt mit zum Spielplatz? ___ wollen wir machen? ___ ist meine Brille?

___ fahren wir in den Ferien? ___ geht es dir? ___ bist du nicht mitgekommen?

Wir fahren an die Ostsee. | Sie liegt auf dem Tisch.

Wir können ein Spiel spielen. | Danke, mir geht es gut.

Ich komme mit. | Ich hatte einen Zahnarzttermin.

(3) Die Kinder der Klasse 3a haben Fragen an die beiden Streitschlichter aus der Klasse 4b. Schreibe die Punkte als Fragesätze auf.

Die Kinder wollen wissen:
- welche Aufgaben Streitschlichter haben.
- ob es Spaß macht, Streitschlichter zu sein.
- wann Streitschlichter gebraucht werden.
- wie viele Streitschlichter es an der Schule gibt.
- wie man Streitschlichter werden kann.
- ob es schwierig ist, Streitschlichter zu sein.
- ob Streitschlichter manchmal Angst haben.
- was die schwierigste Aufgabe als Streitschlichter ist.

Denke bei den Fragesätzen an das Fragezeichen am Satzende!

Welche Aufgaben haben Streitschlichter?
Macht es Spaß,

Plenum: sich über eigene Erfahrungen als Streitschlichter oder mit Streitschlichtern austauschen
MK-Tipp: eine Streitsituation im Rollenspiel darstellen, aufnehmen und besprechen

Wenn ich etwas aufzähle, dann setze ich
ein **Trennzeichen** dazwischen: das **Komma**.
Ich packe meinen Rucksack und nehme
eine Mütze, eine Sonnenbrille, Handschuhe und ein Buch mit.

1

2 Schreibe zehn Dinge auf, die du auf eine Klassenfahrt mitnehmen willst.

Ich nehme

D 9

Lernportion 5: Sätze

Plenum: im Spiel die Merkmale einer Aufzählung verdeutlichen; die Verwendung des Kommas als Trennzeichen beschreiben

AH 38

1 Betrachte das Bild.

a) Was passiert?
Schreibe mindestens vier Aussagesätze.

b) Überlege, was auf dem roten Warnschild steht.
Notiere dazu einen Ausrufesatz.

c) Was könnten die Leute sagen oder fragen?
Schreibe es auf.

Heft 1, S. 45 ①
a) Ein Ball rollt auf die Straße.
...

2 Spielt Szenen aus dem Bild nach.

6 Die wörtliche Rede kennenlernen

Was gesprochen wird, nennt man **wörtliche Rede**.
Davor stehen **Anführungszeichen** unten, danach stehen sie oben.
„Ich verstehe nicht, warum ich Englisch lernen soll."

1. Lies die Witze und ergänze die Anführungszeichen.

Vater und Sohn

Sohn: „Ich verstehe nicht,
warum ich Englisch lernen soll.

Vater: Aber Kind, die halbe Welt spricht Englisch!

Sohn: Ja eben! Genügt das nicht?

David und der Hund

David: Würden Sie den Hund mal streicheln?

Frau: Aber gern. Du magst den Hund sicher sehr.

David: Das ist doch nicht mein Hund.
Ich wollte nur wissen, ob er beißt!

Zwei Hennen

Sagt die eine Henne zur anderen: Letzte Nacht hatte ich mindestens 40 Grad Fieber.

Fragt die andere: Woher weißt du das?

Meint die erste: Heute Morgen hab ich ein gekochtes Ei gelegt.

Der **Begleitsatz** gibt an, **wer** spricht. Nach dem Begleitsatz steht ein **Doppelpunkt**, danach wird groß weitergeschrieben:
Emil ruft: „Pass auf!“

1 Schreibe jeden Satz als wörtliche Rede mit Begleitsatz auf. Verwende passende Verben für sagen.

Heft 1, S. 47 ①
Emil ruft: „Pass auf, ich werde ganz nass!“
...

rufen | protestieren | meinen | stammeln | jammern | schreien | staunen | bitten | schimpfen | fragen | antworten | denken

6 Begleitsatz und wörtliche Rede erkennen

① Lies den Text.
Unterstreiche die Begleitsätze.
Markiere die Anführungszeichen.

Es treffen sich zwei Spatzen.
Fragt der eine: „Was sollen wir unternehmen?“
Darauf der andere: „Lass uns zum Bodensee fliegen.“
Fragt der erste: „Wo treffen wir uns?“
Meint sein Freund: „Auf der Eiche am Hafen.“
Darauf der erste: „Gut, flieg schon mal voraus, ich habe noch etwas zu erledigen.“
Der eine Spatz fliegt zum Treffpunkt. Endlich, nach drei Stunden, trifft sein Freund ein. Er fragt: „Wo warst du so lange?“
Da meint der andere Spatz: „Ach, ich dachte, bei dem schönen Wetter gehe ich zu Fuß.“

② Lest den Text aus ① mit verteilten Rollen.

1 Denke dir für jede Sprechblase einen Begleitsatz aus. Schreibe den Begleitsatz und die wörtliche Rede auf. Setze die richtigen Zeichen.

Heft 1, S. 49 ①
Mug fragt: „Was machen wir, wenn wir cool sind, Leo?“
Leo …

stottern | flüstern | prahlen | erklären | sagen | fragen

Mug und Leo: Ab heute sind wir cool

Was machen wir, wenn wir cool sind, Leo?

Wenn wir zwei Coole sind, dann schauen wir uns Filme an, für die wir eigentlich noch zu klein sind.

Filme mit Monstern und Vampiren und so?

Coole schauen nur Filme, bei denen ihnen das Blut in den Adern gefriert.

Wa-, wa-, warum tun sie das?

Weil ihnen dann vor Angst die Haare zu Berge stehen und das sieht so was von cool aus, Mann!

Susann Opel-Götz ◇

2 Schreibe auf, wie das Gespräch zwischen Mug und Leo weitergehen könnte.

Heft 1, S. 49 ②
Mug fragt: „…

Ein Satz besteht aus mehreren Satzteilen.
Diese Satzteile heißen **Satzglieder**.
Satzglieder können aus **einem Wort** oder **mehreren Wörtern** bestehen.

① Baue Sätze nach diesen Farbmustern.
Achte auf die Großschreibung am Satzanfang und den Punkt am Satzende.

Heft 1, S. 50 ①
A: Die ...
B: ...

die Hunde	schwimmen	in den Ferien	im Wasser
die Angler	fischen	nach der Schule	in den Wellen
die Kinder	tauchen	morgens	am Strand

② Finde die Farbmuster zu diesen Sätzen und male die Kästen passend aus.

A Die Surfer | surfen | abends | in den Wellen.

B Mittags | toben | die Hunde | am Hundestrand.

C Im Strandkorb | sitzen | nachmittags | viele Urlauber.

③ Besprecht, was die Satzglieder in den einzelnen farbigen Kästen gemeinsam haben.

Die Wörter eines Satzgliedes bleiben beim Umstellen zusammen.

Lea und Koki	gehen	heute	ins Museum	.
Heute	gehen	**Lea und Koki**	ins Museum	.
Ins Museum	gehen	heute	**Lea und Koki**	.
Gehen	**Lea und Koki**	heute	ins Museum	?

1 Wählt einen Satz aus.

Lea und Koki	gehen	heute	ins Technikmuseum	.	
Zur Oldtimer-Ausstellung	gehen	sie	zuerst	.	
Danach	gehen	sie	zu den E-Autos	.	
Sehr interessiert	betrachten	sie	die Fahrräder	.	
Zum Abschluss	essen	sie	im Café	ein Eis	.

a) Schreibt den Satz auf einen langen Papierstreifen. Schneidet die Satzglieder auseinander.

b) Verschiebt die Satzglieder. Bildet so viele Sätze wie möglich.

c) Klebt einen Satz mit dem Satzzeichen auf. Beachtet die Großschreibung.

Wenn das Verb am Satzanfang steht, entsteht eine Frage. Vergiss das Fragezeichen am Satzende nicht.

7 Nach dem Subjekt fragen

Satzglieder haben Namen. In jedem Satz gibt es ein **Subjekt**.
Das Subjekt sagt, **wer** oder **was** etwas tut.
Nach dem **Subjekt** frage ich mit **Wer?** oder **Was?**
Alle Kinder freuen sich auf die Ferien.
Wer freut sich auf die Ferien? **Alle Kinder.**
Das Wetter ist sommerlich.
Was ist sommerlich? **Das Wetter.**

① Schreibe zu jedem Satz die Frage nach dem Subjekt auf.

Alle Kinder freuen sich auf die Ferien.

Wer freut sich auf die Ferien?

Seit Wochen ist das Wetter sommerlich.

In der Pause spielen sie im Freien.

Die Lehrerin und die Kinder stapeln die Schulbücher.

Draußen macht die Lehrerin ein Klassenfoto.

Der Chor singt Lieder.

Bald ist das Schulhaus fast leer.

In jedem Satz gibt es auch ein **Prädikat**.
Das **Prädikat** sagt aus, **was jemand tut** oder **was geschieht**.
Nach dem **Prädikat** frage ich mit **Was tut …?** oder **Was geschieht …?**
Die Zuschauer jubeln.
Was tun die Zuschauer? Sie **jubeln**.
In der Pause regnet es.
Was geschieht in der Pause? Es **regnet**.

1. Schreibe zu jedem Satz die Frage nach dem Prädikat auf.

Bente schießt.
Was tut Bente?

Die Torhüterin hält.

Die Zuschauer jubeln.

Der Schiedsrichter pfeift.

In der Pause regnet es.

Die Haare und Trikots tropfen.

Nach der Pause scheint die Sonne.

7 Subjekt und Prädikat erkennen

(1) Lies die Sätze und unterstreiche in jedem Satz Subjekt und Prädikat.

In der Pause spielen viele Kinder zusammen ein Fangspiel. Das Spiel funktioniert nur bei Sonnenwetter. Ein Kind fängt. Es berührt den Schatten eines anderen Kindes mit dem Fuß. Dieses Kind ist dann raus.

(2) Lest die Sätze und unterstreicht in jedem Satz Subjekt und Prädikat.

Auf dem Pausenhof spielen viele Klassen gleichzeitig. Die Kinder haben jeden Tag neue Spielideen. Die großen Kinder zeigen ihre Ideen gern den jüngeren Kindern. Eine Lehrerin gibt den Kindern Springseile und Kreide. Damit malt eine Gruppe Hüpfspiele auf den Boden. Zwei Jungen klettern auf dem Klettergerüst. Alle schaukeln gern auf der Riesenschaukel. Auch nach der Schule spielen viele Kinder auf dem Schulhof.

(3) Schreibt selbst Sätze und unterstreicht Subjekt und Prädikat.

④ Lest die Geschichte abwechselnd Satz für Satz. Entscheidet euch bei jedem Satz für eine Möglichkeit und markiert sie.

Vor langer Zeit lebte

| ein Bauer | | ein Prinz | | ein König | .

Ganz allein wohnte er

| in einem Schloss | | in einer Hütte | | in einem Stall | .

Eines Tages fand er

| einen Kelch | | einen Edelstein | | einen Ring | .

Er berührte ihn

| mit einem Finger | | mit dem Fuß | | mit einem Stock | .

Da ertönte

| ein lautes Donnern | | ein irres Kichern | | ein schnelles Klopfen | .

Schnell versteckte er seinen Fund

| in einem Baumstumpf | | hinter einem Stein | | unter der Erde | .

Er verschwand

| in den Wald | | auf einen Berg | | in eine Höhle | .

Und wenn er nicht gestorben ist, dann lebt er dort noch heute.

⑤ Schreibe deine Entscheidungsgeschichte aus ④ auf.
Unterstreiche alle Subjekte und Prädikate.

Heft 1, S. 55 ⑤
Vor langer Zeit lebte
ein ...

7 Nach Subjekt und Prädikat fragen

① Stellt euch gegenseitig Subjekt- und Prädikatfragen zum Bild. Die Wörter auf den Karten können euch helfen.

unter die Bank kriechen	einen Ball werfen

mit dem Schwungtuch spielen	klettern	Handstand machen

② Schreibe drei Subjektfragen und drei Prädikatfragen zu ① auf. Nutze die Wortkarten aus ①.

Wer klettert?

Hello!
Good morning!

Witam!
Dzień dobry!

Ciao!
Buon giorno!

Merhaba!
Iyi günler!

Do you want to play with me?
Yes, of course.

Chcesz ze mną zagrać?
Tak, oczywiście.

Vuoi giocare con me?
Si, certo.

Benimle oynar mısın?
Evet.

1 Untersucht mit Hilfe der Sprachforscherideen die verschiedenen Sprachkärtchen. Ihr könnt euch mehrere Ideen aussuchen:

- die Sprache bestimmen
- euch über die Aussprache informieren
- euch begrüßen und ansprechen
- die Bedeutung in unsere Sprache übersetzen
- die unterschiedlichen Sprachen vergleichen
- weitere Sprachen ergänzen

Lernportion 8: Entdeckungen bei Sprache und Schrift

Plenum: Begrüßungen und Sätze in verschiedenen Sprachen kennenlernen
MK-Tipp: mit Hilfe einer Kindersuchmaschine oder eines Internet-Wörterbuches weitere Sprachen ergänzen und eigene Karten gestalten

Ein **Dialekt** (eine Mundart) ist die Art, wie eine Sprache in einer bestimmten Gegend gesprochen wird. Oft gibt es auch Lieder und Märchen in den verschiedenen Dialekten. In Deutschland gibt es zum Beispiel den sächsischen, bayrischen und Berliner Dialekt.

(1) Lest euch den Buchtitel gegenseitig in den verschiedenen Dialekten vor.

Hochdeutsch

Hamburger Platt

Hessisch

Schwäbisch

(2) Vergleicht die Texte in Hessischer Mundart und im Hamburger Platt.
Besprecht, was euch auffällt.

Es war emal e klaa Bärsche
un en klaane Tiescher.
Un e Bootsche hadde se aach.
In em klaane, ganz gemietlische
Häusje mit em Schornstaa
habbe se gewohnt.

Dat geev mool en lütten Boor
un ook en lütten Tiger.
Da beiden hebbt ook en
lütt Boot hatt.
Un se wohnen in so'n lütt,
kommoodi Huus mit Schosteen.

(3) Wählt einen Text aus (2).
Überlegt, wie er im Hochdeutschen lauten könnte.
Schreibt eure Übersetzung auf.

Heft 1, S. 58 ③
Es war einmal ...

④ Lies die plattdeutschen Zahlwörter.

dree	acht	twee	söven	een
söss	negen	veer	teihn	fief

⑤ Ordne den Zahlen von 1 bis 10 die plattdeutschen Zahlwörter aus ④ zu.

1 – een, 2 –

⑥ Ordne die plattdeutschen Tiernamen den Bildern zu. Verbinde passend.

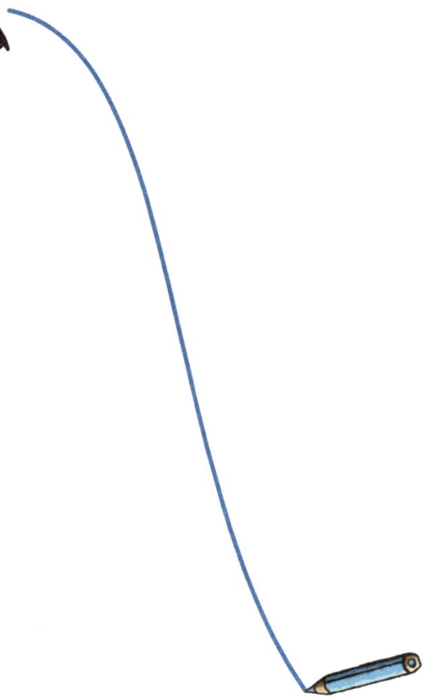

de Aant

dat Meesje

de Goos

dat Hoon

de Adebor

8 Wortfamilien und Wortarten erkennen

① Seht euch die Wörter auf den Wortkarten an.
Besprecht, was euch auffällt.

pallig	verpallen
Paller	anpallen

am dömsten	bedömt
Dömin	dömen

strierlich	strieren
abstrieren	Striere

② Schreibt auf, zu welchen drei Wortfamilien die Quatschwörter aus ① gehören.
Notiert die Wortstämme.

③ Überlegt, zu welchen Wortarten die Quatschwörter aus ① gehören könnten.
Besprecht, woran ihr das erkennt.

Lernportion 8: Entdeckungen bei Sprache und Schrift

Plenum: besprechen, anhand welcher Merkmale die Zugehörigkeit zu Wortarten und Wortfamilien erkannt werden kann

1 Entschlüsselt die Geheimsprache.
Besprecht, was euch auffällt.

Hatius keineius Füßeius
undius kannius dochius gehenius.
Hatius keineius Beineius
undius bleibtius dochius stehenius.
Wasius istius dasius?

2 Löst das Rätsel aus 1.
Schreibt die Antwort in Geheimsprache auf.

Dasius istius

3 Löst die Bilderrätsel zu den Märchen.
Schreibt die Lösung auf.

Wenn man aus einem Geräusch ein eigenes Wort macht, nennt man das Lautmalerei.

① Ordne den Tieren die passenden Laute zu.

Kikeriki	Trööt	Mäh	Wuff	~~Muh~~	Miau	I-Ah

Kuh: Muh,

② Tierlaute werden in verschiedenen Sprachen anders genannt.
Überlegt, welche Laute zu den Tieren gehören, und verbindet passend.

England: Bzzzz bzzzz
Griechenland: Sum sum
Südkorea: Wing wing

China: Zi zi
Schweden: Pip pip
Italien: Squitt squitt

Dänemark: Rap rap
Frankreich: Coin coin
Rumänien: Mac mac

8 Anagramme kennenlernen

Anagramme sind Wörter, die aus den Buchstaben eines anderen Wortes zusammengesetzt sind. Aus Mehl können zum Beispiel die Wörter Helm und Lehm entstehen.

1. Finde die Anagramme. Immer zwei Wörter gehören zusammen. Male die Paare jeweils in der gleichen Farbe aus.

Mehl	Lager	Tapir	Falte	Leben	Tafel	Reifen
Dame	Ferien	Pirat	Regal	Helm	Nebel	Made

2. Bilde Anagramme zu den Wörtern Angel und Palme.

Angel –

Palme –

So kannst du ein Anagramm bilden:
- Schreibe das Wort in Großbuchstaben auf einen Zettel.
- Schneide den Zettel auseinander, sodass jeder Buchstabe auf einem Schnipsel steht.
- Setze die Buchstaben zu einem neuen Wort zusammen. Es darf kein Buchstabe übrig bleiben.

3. Findet weitere Anagramme.

Einsterns Schwester 3

Themenheft 1
Sprachgebrauch und Sprache untersuchen und reflektieren

Herausgegeben von: Roland Bauer, Jutta Maurach

Erarbeitet von: Annette Schumpp, Jutta Sorg
in Zusammenarbeit mit der Redaktion Grundschule Deutsch 2–4

Redaktion: Martina Schramm, Kristina Fischer, Sabine Gerber, Milena Lemke

Illustration: Yo Rühmer, Frankfurt am Main

Umschlag: Cornelia Gründer, Corngreen GmbH, Leipzig (Gestaltung);
Yo Rühmer, Frankfurt am Main (Illustration)

Layout und technische Umsetzung: lernsatz.de

www.cornelsen.de

1. Auflage, 1. Druck 2023

Alle Drucke dieser Auflage sind inhaltlich unverändert
und können im Unterricht nebeneinander verwendet werden.

Druck: ppm Fulda GmbH & Co. KG, Fulda

ISBN 978-3-06-084867-6 (Themenheft 1, Verbrauchsmaterial)

PEFC
PEFC/04-31-1308

PEFC-zertifiziert
Dieses Produkt stammt aus nachhaltig bewirtschafteten Wäldern, Recycling und kontrollierten Quellen
www.pefc.de